Darles silva

A Verdadeira Religião

Segundo os ensinamentos
De Jesus

Sumário.

Introdução

A religião em sua essência mais pura, sempre foi uma busca pela verdade, pela conexão, com o divino e pela transformação interior.

Porém, ao longo dos séculos, muitos conceitos e práticas se distanciaram da simplicidade e profundidade do ensinamento original; Nesse livro eu te proponho a voltar aos fundamentos da verdadeira religião como Jesus ensinou, uma fé que transcende os rituais vazios e se reflete em ações concretas de amor , compaixão , perdão e justiça.

Ao olhar para a vida e as palavras de Jesus , percebemos que sua mensagem não era sobre construção de instituições ou dogmas religiosos , mas sobre a transformação do coração humano .

Para Ele a verdadeira religião não se encontra em templos de pedras ou em liturgias elaboradas , mas no trato diário com o próximo , na busca pela verdade interior e na disposição para viver o Evangelho de forma autêntica.

Neste livro exploraremos os ensinamentos de Jesus não como uma teoria distante ou uma ideologia , mas como um caminho prático para a vivência de uma vida plena e em harmonia com o propósito divino.

A verdadeira religião segundo Jesus não é algo imposto , mas algo a ser vivido , e a sua essência reside no amor incondicional que Ele pregou , no perdão que ele praticou , na compaixão que Ele nos ensinou a cultivar e na justiça que sempre praticou .

Convido você a embarcar nesta jornada de

descoberta, onde cada passo é um convite a aproximar-se mais da verdadeira fé, aquela que transforma e ilumina , tanto nossos corações quanto o mundo ao nosso redor.

© Darles Silva, 2024
Édition : BoD · Books on Demand,
31 avenue Saint-Rémy, 57600 Forbach, bod@bod.fr
Impression : Libri Plureos GmbH, Friedensallee 273,
22763 Hamburg (Allemagne)
ISBN : 978-2-3224-7756-2
Dépôt légal : Décembre 2024

Capítulo 1

O AMOR COMO PRINCÍPIO FUNDAMENTAL

O amor como verdadeira religião é uma ideia central no ensinamento de Jesus, que propôs que o amor é o princípio fundamental que deve nortear a prática religiosa e a relação com Deus e com o próximo. Em várias passagens dos Evangelhos, Jesus redefine a religiosidade ao colocar o amor como o mandamento mais importante, acima de todas as leis e rituais.

Quando Jesus foi questionado sobre qual era o maior mandamento, Ele respondeu:

"Amarás o Senhor, teu Deus, de todo o teu coração, de toda a tua alma e de todo o teu entendimento. Este é o maior e o primeiro mandamento. O segundo, semelhante a este, é: Amarás o teu próximo como a ti mesmo.

Destes dois mandamentos dependem toda a Lei e os Profetas" (Mateus 22:37-40).

Aqui, Jesus sugere que a verdadeira religião não se resume a observâncias externas de rituais ou a uma mera moralidade, mas se fundamenta no amor — primeiro a Deus, e depois ao próximo. O amor é, portanto, a expressão mais pura de uma fé verdadeira, pois ele reflete o caráter de Deus, que é amor (1 João 4:8). « Aquele que não ama não conhece a Deus; porque Deus é amor. »

Esse amor é refletido em ações concretas, como a disposição de perdoar, ajudar os necessitados, demonstrar compaixão e ser paciente.

Em João 15:13, Jesus diz: « Ninguém tem maior amor do que este: de dar alguém a sua vida pelos seus amigos. » Esse é o modelo supremo de amor — o sacrifício por outros, sem esperar algo em troca. O amor de Jesus também é caracterizado pela humildade, exemplificada no serviço aos outros, como quando Ele lavou os pés dos discípulos (João 13:1-17).

Esse tipo de amor exige uma transformação interior, pois não depende das ações do outro, mas é uma escolha contínua de agir em bondade, perdão e fidelidade. O verdadeiro amor, como ensinado por Jesus, é um amor que busca o bem-estar do outro, independentemente de merecimento, refletindo o próprio amor de Deus pela humanidade.

Além disso, Jesus ensina que a prática do amor deve transcender os limites da reciprocidade e da justiça humana. Em Mateus 5:44, Ele diz: « Eu, porém, vos digo: Amai os vossos inimigos, e orai pelos que vos perseguem. » Esse amor é radical, não depende das atitudes dos outros, mas sim da escolha de agir com bondade e compaixão, refletindo a natureza de Deus.

O apóstolo Paulo também faz uma conexão profunda entre amor e verdadeira religiosidade. Em 1 Coríntios 13, ele descreve o amor como a essência de uma vida cristã genuína: « Ainda que eu fale as línguas dos homens e dos anjos, se não tiver amor, serei como o metal que soa ou como o címbalo que retine » (1 Coríntios 13:1). Para Paulo, sem amor, todas as outras virtudes religiosas e espirituais perdem o seu valor.

Portanto, o amor, segundo o ensino de Jesus, é a verdadeira religião porque ele cumpre e resume toda a vontade de Deus para a humanidade: amar a Deus de maneira profunda e total, e amar o próximo de maneira desinteressada e sacrificial. Esse amor é a marca do discipulado cristão e o reflexo do relacionamento entre Deus e os seres humanos.

Os desafios do amor como verdadeira religião são muitos e complexos, especialmente no contexto da vida cotidiana e das dificuldades do ser humano. Embora o amor seja o princípio central do ensinamento de Jesus, colocá-lo em prática de maneira plena exige superação de várias barreiras interiores e externas. Alguns dos principais desafios incluem:

Jesus ensinou que o amor verdadeiro não se limita aos que nos amam ou com quem nos relacionamos bem, mas deve se estender até aos nossos inimigos. Ele disse: "Amai os vossos inimigos e orai pelos que vos perseguem" (Mateus 5:44). Isso é extremamente desafiador, pois, em momentos de conflito, dor ou injustiça, o instinto humano muitas vezes é de retaliação, rancor ou indiferença. Perdoar e amar aqueles que nos ferem exige *uma transformação interior profunda, muitas vezes além da capacidade humana sem o auxílio da graça divina.*

A dificuldade em perdoar verdadeiramente pode surgir de vários fatores emocionais, psicológicos e até culturais. Quando somos feridos ou prejudicados por alguém, é natural que experimentemos raiva, mágoa ou ressentimento, sentimentos esses que podem criar uma barreira interna para o perdão genuíno. A resistência ao perdão pode estar relacionada ao desejo de justiça, à dificuldade de lidar com a dor causada ou ao medo de que perdoar signifique minimizar a gravidade da ofensa ou justificar comportamentos errados.

Em muitos casos, o perdão é confundido com o esquecimento ou a aceitação do comportamento do outro. No entanto, perdoar não significa necessariamente esquecer ou liberar o outro de responsabilidade. Significa, em vez disso, libertar-se do peso emocional que o rancor traz para a nossa vida. Essa liberação exige um processo interno de cura, que pode demandar tempo e reflexão.

Além disso, o perdão envolve uma escolha consciente de não permitir que a mágoa controle nossas emoções e ações. Ele não exclui a necessidade de estabelecer limites ou de buscar reparação, mas tem o poder de restaurar a paz interior e promover o bem-estar psicológico.

A figura de Jesus desempenha um papel central nesse processo. O perdão, conforme ensinado por Jesus, não é apenas uma recomendação moral, mas uma prática transformadora que liberta tanto quem perdoa quanto quem é perdoado. Em suas palavras e ações, Jesus exemplificou o perdão radical, como vemos em momentos como na cruz, onde Ele perdoa aqueles que o crucificam. Para muitos cristãos, a necessidade de Jesus nesse processo se dá pela compreensão de que o perdão verdadeiro não depende apenas de força de vontade humana, mas de uma entrega espiritual, uma graça divina que permite superar a dor e o ressentimento. Perdoar à luz dos ensinamentos de Jesus implica não apenas libertar os outros, mas também permitir que o amor divino opere em nossos corações, curando as feridas internas e nos capacitando a praticar um perdão que vai além das limitações humanas. A prática do perdão se torna, assim, um reflexo do perdão que recebemos de Deus, e ao seguir o exemplo de Jesus, conseguiremos viver de forma plena e em paz .

O amor como verdadeira religião, como

exemplificado por Jesus, envolve o sacrifício. Jesus disse que ninguém tem maior amor do que aquele que dá a vida pelos amigos (João 15:13). Isso implica não apenas em atos de generosidade, mas também em abrir mão de nossos próprios interesses, confortos e desejos para o bem do outro. Esse tipo de amor sacrificial é difícil em uma sociedade que muitas vezes exalta o egoísmo, a busca por prazer pessoal e o individualismo.

A dificuldade de se sacrificar pelo outro, conforme os ensinamentos de Jesus, reside em vários fatores intrínsecos à natureza humana. Primeiro, há a luta entre o egoísmo e a generosidade. Sacrificar-se muitas vezes implica renunciar a desejos pessoais ou confortos, o que pode gerar resistência interna.

Aqui estão alguns aspectos que contribuem para essa dificuldade:

1. Egoísmo Natural : É uma tendência humana priorizar as próprias necessidades e desejos. Sacrificar-se exige uma superação desse instinto, o que pode ser um desafio significativo.

2. Medo da Rejeição : Muitas vezes, o ato de se sacrificar envolve vulnerabilidade. O medo de não ser aceito ou valorizado em retorno pode inibir a disposição para agir em benefício do outro.

3. Falta de Empatia : A capacidade de se conectar emocionalmente com os sentimentos e necessidades do outro é fundamental. Quando essa empatia está ausente, torna-se mais difícil sentir a motivação para se sacrificar.

4. Consequências Pessoais : Sacrificar-se pode acarretar perdas ou dificuldades pessoais, como tempo, recursos ou até mesmo bem-estar emocional. O receio de enfrentar essas consequências pode fazer com que as pessoas hesitem em agir.

5. Expectativas Sociais : Em algumas culturas ou contextos, a pressão para atender às expectativas sociais ou normas pode criar um conflito entre o desejo de ajudar e a necessidade de se conformar.

6. Falta de Exemplos : Sem modelos de altruísmo ao nosso redor, pode ser difícil visualizar como o sacrifício pelo outro se concretiza na prática.

Esses fatores, entre outros, tornam o sacrifício por outra pessoa uma tarefa complexa, que demanda reflexão, coragem e muitas vezes, um crescimento pessoal significativo.

Por fim, a cultura contemporânea frequentemente valoriza o individualismo e o sucesso pessoal, o que pode dificultar a adoção de uma postura mais altruísta. No entanto, os ensinamentos de Jesus nos lembram da importância de amar e servir ao próximo, promovendo uma reflexão sobre o verdadeiro significado de amor e sacrifício.

O amor de Jesus é desinteressado e incondicional, o que significa amar sem esperar algo em troca. Porém, na vida cotidiana, é natural que as pessoas esperem reciprocidade em seus relacionamentos. A ideia de amar sem esperar retorno desafia a natureza humana, que muitas vezes busca recompensas ou reconhecimento. Amar sem condições exige maturidade espiritual e confiança na bondade de Deus, que vê e recompensa esse amor genuíno (Mateus 6:1-4).

« Tenham o cuidado de não praticar suas 'obras de justiça' diante dos outros para serem vistos por eles. Se fizerem isso, vocês não terão nenhuma recompensa do Pai celestial.Portanto, quando você der esmola, não anuncie isso com trombetas, como fazem os hipócritas nas sinagogas e nas ruas, a fim de serem honrados pelos outros. Eu garanto que eles já receberam sua plena recompensa.Mas, quando você der esmola, que a sua mão esquerda não saiba o que está fazendo a direita,

de forma que você preste a sua ajuda em segredo. E seu Pai, que vê o que é feito em *segredo, o recompensará. »*

Amar sem expectativas é um desafio por várias razões, que envolvem tanto aspectos psicológicos quanto sociais:

*1. **Necessidade de Validação**: Muitas pessoas buscam reconhecimento e validação em suas relações. Amar sem expectativas pode fazer com que se sintam vulneráveis, já que não há garantia de que o amor será correspondido ou valorizado.*

2. Medo da Rejeição : O temor de não ser amado de volta ou de ver o amor não correspondido pode levar à criação de expectativas. Isso serve como uma forma de proteção emocional, onde as expectativas funcionam como um escudo contra a dor.

3. Cultura do Desempenho : Em muitas sociedades, o amor é frequentemente associado a trocas e condições. A ideia de que o amor deve ser "merecido" ou "recompensado" pode criar barreiras para amar incondicionalmente.

4. Vivências Passadas : Experiências anteriores de relacionamentos podem moldar a forma como uma pessoa se relaciona. Se alguém já foi ferido em um amor não correspondido, é natural que desenvolva expectativas como forma de se proteger.

5. Desejo de Controle : As expectativas podem refletir um desejo de controle sobre a relação. Amar sem expectativas implica aceitar o outro como ele é, o que pode ser desconfortável para aqueles que preferem ter uma sensação de segurança e previsibilidade.

6. Idealização do Amor : Existe uma idealização do amor romântico que está ligada a expectativas. Muitas vezes, as pessoas esperam que o amor traga felicidade, segurança e completude, o que pode dificultar a aceitação de um amor mais livre e desapegado.

Amar sem expectativa em Jesus envolve uma entrega radical ao amor incondicional que Ele exemplifica em Sua vida, morte e ressurreição.

A chave para amar sem expectativas em Jesus é lembrar que, como cristãos, somos chamados a refletir o amor de Cristo, que é livre de interesses próprios e movido pela graça divina.

O contexto social e político atual, muitas vezes marcado por divisões, polarização e conflitos, torna difícil viver o amor como verdadeira religião. Muitos são tentados a se isolar em bolhas ideológicas ou a tratar os outros com hostilidade, especialmente aqueles que pensam de maneira diferente. Jesus, no entanto, chamou Seus seguidores a ir além das divisões humanas e a buscar a unidade, a paz e a reconciliação, mesmo em situações de desacordo profundo.

Aqui estão algumas das principais questões que surgem:

1. Diferenças Ideológicas : Quando parceiros têm crenças políticas ou sociais divergentes, isso pode gerar conflitos e mal-entendidos. A

falta de diálogo aberto e respeitoso pode levar a desavenças constantes.

2. Pressão Social : Em um ambiente polarizado, a pressão do grupo pode afetar as decisões individuais. Muitas vezes, as pessoas sentem que precisam alinhar suas opiniões com as de seus amigos ou familiares, o que pode prejudicar a autenticidade nas relações amorosas.

3. Aumento da Intolerância : A polarização pode fomentar a intolerância, dificultando a aceitação das diferenças no parceiro. Isso pode levar a um ambiente de crítica e descontentamento.

4. Falta de Empatia : A capacidade de compreender a perspectiva do outro é crucial em um relacionamento. No entanto, em um

mundo dividido, essa empatia pode ser reduzida, tornando mais difícil resolver conflitos.

5. Desconexão Emocional : A polarização pode levar a uma desconexão emocional, onde os casais se tornam mais focados nas suas diferenças do que nas suas semelhanças e no amor que compartilham.

6. Impacto nas Comunicações : A maneira como as pessoas se comunicam sobre questões sensíveis pode ser prejudicada. Discussões que deveriam ser produtivas podem rapidamente se transformar em disputas acaloradas.

7. Busca por Validação Externa : Em um mundo onde a validação social é frequentemente buscada, casais podem se

sentir pressionados a apresentar uma imagem que se encaixa nas normas do grupo, em vez de se concentrar no que é melhor para o relacionamento.

Praticar o amor em um mundo polarizado à luz dos ensinamentos de Jesus pode oferecer uma abordagem transformadora e reconciliadora.

O amor, quando enraizado nos ensinamentos de Jesus, pode ser uma força poderosa para a unidade e a compreensão.

Amar o próximo, especialmente os que estão ao nosso redor, é mais desafiador do que parece. Às vezes, o amor se torna abstrato, e fica mais difícil aplicar isso em ações concretas: cuidar do necessitado, acolher o marginalizado, perdoar aqueles que nos ofendem, ou simplesmente ouvir o outro com *empatia. Em uma sociedade acelerada, muitas vezes somos levados a priorizar nossas próprias preocupações e a negligenciar as necessidades dos outros.*

Apesar desses desafios, a prática do amor ao próximo é essencial para a construção de uma sociedade mais justa e solidária. Mesmo que não seja sempre fácil, pequenos gestos de bondade, paciência e compreensão podem fazer uma diferença significativa, tanto para quem dá quanto para quem recebe.

Em momentos de dor, perda ou sofrimento, pode ser difícil entender como o amor pode continuar sendo uma prioridade. Quando as circunstâncias são adversas, e a vida parece cheia de injustiça e aflição, é fácil duvidar do poder transformador do amor. Jesus, no entanto, ensina que o amor de Deus permanece presente mesmo nas adversidades (Romanos 8:38-39), e que, por meio do sofrimento, podemos aprender a amar de forma mais profunda e verdadeira.

O primeiro mandamento de Jesus é "Amarás o Senhor, teu Deus, de todo o teu coração, de toda a tua alma e de todo o teu entendimento" (Mateus 22:37). Isso exige um compromisso total e um relacionamento constante com Deus, o que pode ser desafiador em meio às distrações do mundo moderno, com seus apelos materiais e a sobrecarga de compromissos. Cultivar um amor profundo e verdadeiro por Deus requer tempo, disciplina e uma disposição para buscar a Sua presença, especialmente em uma sociedade que frequentemente marginaliza a espiritualidade.

O amor de Jesus é a referência máxima de como viver o amor. Ele amou com uma pureza e profundidade que desafiam qualquer padrão humano. Isso pode ser um grande desafio, pois implica não apenas imitar Jesus *em Suas palavras, mas também em Suas ações, em Sua postura diante das dificuldades e em Sua capacidade de perdoar, servir e sacrificar. Tentar viver esse ideal de amor pode parecer inalcançável, mas é o que os cristãos são chamados a buscar com a ajuda do Espírito Santo.*

Conclusão

Viver o amor como verdadeira religião, conforme o exemplo de Jesus, é um desafio constante, pois exige uma mudança contínua de coração, mente e ações. Isso envolve transcender os impulsos naturais, enfrentar as adversidades com fé, e responder ao mundo com compaixão, perdão e serviço. Embora o caminho do amor seja difícil, é também o caminho que mais profundamente reflete o caráter de Deus e traz transformação tanto para quem ama quanto para quem recebe o amor. A verdadeira religião, em última análise, é aquela que coloca o amor como sua essência, buscando a glória de Deus e o bem do próximo acima de tudo.

Capítulo 2

A Compaixão e a Misericórdia

A **compaixão** e a **misericórdia** são elementos centrais do ensinamento de Jesus e podem ser vistas como expressões essenciais da verdadeira religião. Em muitas passagens dos Evangelhos, Jesus destaca a importância desses valores, não apenas como atitudes passivas, mas como ações concretas que transformam a vida de quem as recebe e de quem as pratica. Essas virtudes são profundamente ligadas ao amor, pois ambas envolvem uma disposição de olhar para o sofrimento do outro e agir para aliviá-lo, sem esperar algo em troca.

A compaixão é o movimento do coração diante da dor e da necessidade do outro. Jesus foi muitas vezes descrito como alguém que "se *compadecia" das pessoas que sofriam (Mateus 9:36, Marcos 6:34). Em várias passagens, Ele manifesta uma profunda empatia pelas situações humanas, desde as necessidades físicas até as espirituais, e sempre responde com ação. A compaixão de Jesus não é apenas um sentimento, mas uma motivação para o cuidado ativo, como visto nas curas, no ensino e nas ações de restauração da dignidade humana.*

Por exemplo, ao ver a multidão cansada e sem pastor, Jesus sentiu "compaixão deles, porque estavam aflitos e dispersos, como ovelhas sem pastor" (Mateus 9:36). A compaixão de Jesus se traduz em ação — Ele os ensinou, curou e alimentou. A verdadeira religião, conforme ensinada por Jesus, é uma religião que vê o sofrimento e se move para agir em resposta a ele.

A misericórdia é outra qualidade que está no coração do ensinamento de Jesus. Ela envolve a disposição de perdoar, de se estender em graça àqueles que falham, erram ou são indignos, refletindo a misericórdia de Deus para com a humanidade. Em Mateus 5:7, Jesus declara: "Bem-aventurados os misericordiosos, porque alcançarão misericórdia." Isso significa que a prática da misericórdia não é apenas um dever, mas um reflexo da própria natureza de Deus, que é rico em misericórdia (Efésios 2:4).

A parábola do bom samaritano (Lucas 10:25-37) é um exemplo claro da misericórdia na prática. Quando um homem é espancado e deixado à margem do caminho, dois religiosos (um sacerdote e um levita) passam por ele, mas não demonstram misericórdia. Já um samaritano, que era desprezado pelos judeus, para e cuida do homem ferido, oferecendo *ajuda e cuidados. Jesus usa essa parábola para ilustrar que a misericórdia não depende de status social ou de pertencimento a um grupo específico, mas é uma disposição universal para agir com bondade e compaixão.*

A verdadeira religião não é apenas um conjunto de normas ou rituais, mas um relacionamento transformador com Deus, que é abundantemente misericordioso. Em Mateus 9:13, Jesus diz: "Eu quero misericórdia, e não sacrifício." Ele está chamando a atenção para o fato de que a verdadeira adoração e o verdadeiro serviço a Deus não podem ser meramente formais ou externos. A misericórdia que Deus oferece a todos — sem exceção — deve ser refletida em como tratamos os outros, especialmente os que estão à margem da sociedade ou que erram.

Em um dos momentos mais profundos de Seu ministério, Jesus ensina sobre a importância de perdoar: "Se perdoardes aos homens as suas ofensas, também vosso Pai celestial vos perdoará" (Mateus 6:14). A misericórdia, portanto, é inseparável do perdão, e a religião verdadeira exige que, assim como Deus nos perdoa, devemos perdoar os outros. Este é um desafio profundo, pois muitas vezes o perdão e a misericórdia exigem abrir mão do direito de retribuir a ofensa e escolher restaurar, em vez de punir.

Na prática, a misericórdia se manifesta em ações concretas que buscam restaurar e cuidar dos outros, como está exemplificado nas parábolas do juízo final (Mateus 25:31-46). Nesse julgamento, aqueles que demonstraram misericórdia, alimentando o faminto, dando de beber ao sedento, visitando os presos e cuidando dos doentes, são elogiados como aqueles que realmente serviram a Cristo. A religião verdadeira não se limita a palavras ou a observância de rituais, mas se manifesta em ações de compaixão e misericórdia, cuidando do próximo, especialmente dos mais necessitados.

Viver a compaixão e a misericórdia como verdadeira religião não é fácil. Algumas das dificuldades incluem:

O egoísmo natural: O ser humano, por sua natureza, tende a se concentrar em suas próprias necessidades e interesses. A prática da compaixão e misericórdia exige uma disposição constante de olhar para o outro e agir em favor dele, mesmo quando isso exige sacrifício pessoal.

A vingança e o ressentimento: O perdão e a

misericórdia muitas vezes desafiam os sentimentos de raiva ou vingança, especialmente quando fomos injustiçados. No entanto, a misericórdia nos chama a agir além de nossos sentimentos e a buscar a paz e a reconciliação, como Deus faz conosco.

A *falta de empatia*: Muitas vezes, é difícil se colocar no lugar do outro, especialmente quando a dor ou as circunstâncias do outro nos são estranhas. A verdadeira religião exige uma empatia ativa e uma vontade de se envolver, ainda que isso nos tire da nossa zona de conforto.

Conclusão

A **compaixão** e a **misericórdia** como verdadeira religião são um reflexo direto do amor de Deus por nós e devem ser manifestadas em nossas atitudes diárias. Elas não são apenas aspectos do caráter cristão, mas são as marcas da verdadeira fé, que se manifesta no cuidado prático pelos outros, no perdão generoso e no serviço humilde. Viver essas virtudes exige um coração transformado pela graça de Deus, que nos capacita a olhar para o sofrimento humano com olhos de compaixão e a agir com misericórdia, assim como Deus fez conosco.

Capítulo 3

Justiça e Equidade

A **justiça** e a **equidade** são componentes essenciais do ensino de Jesus e da verdadeira religião, refletindo o caráter de Deus e Sua vontade para a humanidade. Ambas são frequentemente mencionadas nas Escrituras como qualidades que devem guiar a vida dos seguidores de Cristo e são fundamentais para a construção de uma sociedade mais justa e compassiva. No entanto, viver de acordo com a justiça e a equidade no contexto da verdadeira religião apresenta tanto desafios quanto oportunidades de transformação.

A **justiça**, no contexto cristão, não é apenas a observância das leis ou a busca por retribuição, mas envolve um compromisso com o bem-estar do outro, especialmente dos marginalizados e oprimidos. Jesus constantemente enfatizou que a verdadeira justiça é centrada no amor, na misericórdia e no cuidado com os necessitados.

Justiça como retidão diante de Deus

Para Jesus, a justiça começa com um relacionamento sincero com Deus. Ele afirmou que os verdadeiros adoradores não devem apenas obedecer aos rituais e leis religiosas, mas devem buscar a justiça em seu coração e em suas ações. Em Mateus 5:20, Jesus diz: "Porque vos digo que, se a vossa justiça não exceder a dos escribas e fariseus, de modo algum entrareis no reino dos céus." Isso sugere que a verdadeira justiça não se limita à observância externa das regras, mas envolve uma transformação interior que resulta em ações justas e amorosas.

Justiça em relação aos outros

A justiça de Deus é também uma justiça que promove o bem comum e a dignidade de todas as pessoas. Jesus sempre desafiou as estruturas de poder de Sua época, denunciando a hipocrisia dos líderes religiosos e a opressão dos pobres e pecadores. Ele procurava trazer à luz uma justiça que estivesse em sintonia com o Reino de Deus, que é um reino de paz, bondade e equidade.

A parábola dos trabalhadores da vinha (Mateus 20:1-16) é um exemplo disso, onde Jesus desafia a ideia de justiça baseada apenas em méritos humanos, mostrando que o Reino de Deus é fundamentado na generosidade e na graça de Deus, que oferece a todos uma oportunidade de ser incluído, independentemente de sua posição ou do que mereçam.

A **equidade** está intimamente ligada à ideia

de justiça, mas com um foco especial na **igualdade** e **dignidade** para todos. No contexto de Jesus, isso significa tratar as pessoas com imparcialidade, independentemente de seu status social, riqueza ou origem.

A equidade nas relações humanas

Jesus demonstrou um compromisso com a equidade ao incluir aqueles que eram frequentemente marginalizados pela sociedade: as mulheres, os leprosos, os publicanos (cobradores de impostos) e os samaritanos. Em Lucas 4:18-19, Ele declarou que foi enviado para "proclamar boas novas aos pobres... proclamar a liberdade aos prisioneiros... dar vista aos cegos... libertar os oprimidos". Esse compromisso com a equidade estava no coração de Sua missão de anunciar o Reino de Deus, onde todos têm valor e *dignidade, independentemente de sua condição social ou moral.*

Equidade na justiça social

A equidade é refletida na prática de tratar todas as pessoas com o mesmo nível de respeito e consideração, não favorecendo uns em detrimento de outros. Jesus criticou fortemente a hipocrisia religiosa que privilegiava os ricos e poderosos enquanto negligenciava os pobres e oprimidos (Mateus 23:23-24). Em vez disso, Ele defendeu uma justiça que é sensível às necessidades dos vulneráveis e marginalizados.

Em Mateus 25:31-46, Jesus descreve o juízo final, onde aqueles que praticaram a equidade ao ajudar os necessitados — dando comida aos famintos, vestindo os nus, visitando os enfermos e prisioneiros — são elogiados como os justos. Aqui, a equidade é manifestada não apenas como um princípio abstrato, mas como ações concretas que promovem o bem-estar e a dignidade de todos, especialmente dos mais necessitados.

A verdadeira religião, de acordo com a Bíblia, não é simplesmente uma prática de cultos ou rituais, mas uma vivência de princípios que refletem a vontade de Deus. A justiça e a equidade, nesse sentido, são sinais de uma fé genuína que transforma a vida do crente e o motiva a agir em prol da justiça social.

Em Miquéias 6:8, é dito: "Ele te declarou, ó homem, o que é bom; e que é o que o Senhor pede de ti, senão que pratiques a justiça, ame a misericórdia e andes humildemente com o teu Deus?" Este versículo sintetiza bem a verdadeira religião, que não se resume a rituais, mas a uma vida de justiça e equidade, marcada pelo amor ao próximo e pela humildade diante de Deus.

Viver a justiça e a equidade como verdadeira religião apresenta vários desafios, tanto no nível pessoal quanto social:

Desigualdade estrutural*: Em muitas sociedades, as estruturas sociais, políticas e econômicas perpetuam desigualdade e injustiça. A verdadeira religião exige que os cristãos não apenas denunciem a injustiça, mas também trabalhem ativamente para mudar essas estruturas em conformidade com os princípios do Reino de Deus. Isso pode ser um desafio, pois muitas vezes envolve confrontar poderosos interesses ou exigir sacrifícios pessoais significativos.*

Conflitos de interesse*: Praticar a justiça e a equidade pode ser difícil quando há conflitos de interesse, como no caso das disputas por* recursos limitados ou quando grupos privilegiados resistem a mudanças que beneficiam os marginalizados.

Empatia e ação: A verdadeira justiça e equidade exigem mais do que uma simples consciência dos problemas sociais; elas exigem ação. Muitas vezes, a falta de empatia ou de uma compreensão profunda das necessidades dos outros pode levar à apatia. Jesus ensina que a fé verdadeira se expressa em ações concretas de amor e cuidado com os outros

 Embora a justiça e a equidade sejam um alvo a ser buscado na Terra, o cristão também tem a esperança de uma justiça perfeita no Reino de Deus, onde todas as desigualdades e injustiças serão corrigidas. No Apocalipse 21:4, é prometido que "Ele enxugará de seus olhos toda lágrima, e não haverá mais morte, nem pranto, nem clamor, nem dor, porque as primeiras coisas passaram."

Essa esperança não anula a necessidade de lutar por justiça e equidade aqui e agora, mas a orienta, sabendo que o pleno cumprimento da justiça de Deus ocorrerá no fim dos tempos, quando o Reino de Deus se manifestará plenamente.

Conclusão

A **justiça** e a **equidade** são pilares essenciais da verdadeira religião conforme ensinada por Jesus. Elas não são apenas ideais abstratos, mas valores práticos que exigem ações concretas a favor dos necessitados, a busca pela dignidade de todas as pessoas e a criação de um mundo mais justo. Viver de acordo com esses princípios é um reflexo da natureza de Deus, que é justo e equitativo, e envolve tanto um compromisso interior com a justiça quanto uma ação exterior para transformar a sociedade. Apesar dos desafios, a verdadeira religião é aquela que busca, no poder do Espírito Santo, viver a justiça e a equidade, antecipando o Reino de Deus e sua justiça perfeita.

Capítulo 4

A Humildade no Coração

A **humildade de coração** é um dos ensinamentos mais centrais de Jesus sobre o que constitui a verdadeira religião. Ela é vista como uma virtude essencial para aqueles que desejam viver em conformidade com a vontade de Deus. A humildade, conforme ensinada por Jesus, não é apenas uma postura externa de modéstia ou de simplicidade, mas uma atitude interna que reflete o reconhecimento da nossa dependência de Deus, a disposição para servir aos outros e a capacidade de submeter nosso orgulho e egoísmo.

Jesus é o exemplo supremo de humildade. Embora fosse o Filho de Deus, Ele não buscou status, poder ou reconhecimento. Em

Filipenses 2:6-8, Paulo descreve a humildade de Jesus da seguinte forma:

"Ele, que, embora sendo Deus, não considerou ser igual a Deus algo a que se devesse apegar; antes, a si mesmo se esvaziou, vindo a ser servo, tornando-se semelhante aos homens. E, sendo encontrado em forma de homem, humilhou-se a si mesmo, tornando-se obediente até à morte, e morte de cruz."

Esse trecho revela que Jesus, ao se encarnar, escolheu viver entre nós com humildade, sem buscar privilégios ou exaltar sua posição divina, mas, ao contrário, se colocando à disposição para servir e para sacrificar-se por nós. Sua humildade culmina no sacrifício extremo na cruz, um ato que revela o amor e a entrega incondicional.

Em várias passagens, Jesus ensina que a verdadeira grandeza no Reino de Deus é alcançada através da humildade. Em Mateus 18:1-4, os discípulos perguntam a Jesus quem é o maior no Reino dos céus, e Ele responde:

"Em verdade vos digo que, se não vos converterdes e não vos tornardes como crianças, de modo algum entrareis no Reino dos céus. Portanto, quem se fizer humilde como este menino, esse é o maior no Reino dos céus."

Aqui, Jesus ensina que a humildade não é apenas uma virtude moral, mas a condição necessária para entrar no Reino de Deus. Ele usa a figura de uma criança, que é dependente, simples e sem pretensões, para ilustrar a atitude que agrada a Deus. A verdadeira grandeza no Reino de Deus não está em poder, status ou domínio sobre os outros, mas em servir aos outros com um coração humilde e disposto.

A humildade de coração também se expressa através do **serviço** aos outros. Em João 13:1-17, Jesus realiza um ato de humildade que choca Seus discípulos: Ele lava os pés deles. No contexto da época, lavar os pés era uma tarefa reservada aos servos mais humildes. Ao fazer isso, Jesus demonstra que o líder verdadeiro é aquele que se coloca à disposição para servir, em vez de buscar ser servido. Ele disse a Seus discípulos:

"Se eu, Senhor e Mestre, vos lavei os pés, vós deveis lavar os pés uns dos outros." (João 13:14)

Este exemplo de humildade prática mostra que a verdadeira religião não é sobre exibir autoridade ou poder, mas sobre servir com amor e humildade. A humildade, então, se traduz em ações concretas de cuidado, disposição e serviço ao próximo.

O **orgulho**, em muitas formas, é o oposto direto da humildade. Em vários momentos, Jesus critica os fariseus e líderes religiosos de Seu tempo, que eram orgulhosos e buscavam reconhecimento humano por suas práticas religiosas. Em Mateus 23:5-12, Ele diz:

"Tudo o que fazem é para serem vistos pelos homens... Mas vós, não sejais chamados mestres, porque um só é o vosso Mestre, e todos vós sois irmãos... O maior entre vós será vosso servo."

O orgulho está intimamente ligado ao desejo de reconhecimento e status, enquanto a humildade é o reconhecimento de que tudo o que temos vem de Deus, e que nossa verdadeira dignidade está em viver para servir aos outros e a Deus. Jesus ensina que, ao buscarmos exaltar-nos a nós mesmos, caímos em um erro que nos afasta de Deus e dos outros. A verdadeira religião é caracterizada pela humildade de coração, que rejeita o egoísmo e se volta para o serviço.

A humildade também envolve reconhecer nossa **dependência de Deus** em todas as áreas da vida. Em Tiago 4:6, lemos:

"Deus resiste aos soberbos, mas dá graça aos humildes."

Isso significa que, ao nos humilharmos diante de Deus, reconhecendo nossa fragilidade e necessidade, Ele nos concede Sua graça e ajuda. A humildade é uma atitude de confiança de que não somos autossuficientes, mas que dependemos de Deus para tudo, inclusive para nossa salvação. O cristão que vive com humildade de coração está sempre disposto a ouvir a voz de Deus e a se submeter à Sua vontade.

Viver com humildade de coração é um desafio, pois nossa natureza humana tende a buscar reconhecimento, poder e a valorização pessoal. Em uma sociedade que frequentemente exalta a autossuficiência e a competição, a humildade é contra-cultural. Alguns dos desafios incluem:

O orgulho e a vaidade: A luta contra o orgulho é constante, pois o ego humano muitas vezes busca destaque e aprovação dos outros. A humildade exige que nos afastemos da busca por aplausos e validação externa.

A competição e a comparação: Em um mundo onde as pessoas são constantemente comparadas umas com as outras, especialmente nas redes sociais, a humildade *pode ser difícil de manter. Jesus nos chama a não nos compararmos com os outros, mas a focarmos em servir e amar ao próximo.*

Reconhecer nossa dependência de Deus*: A humildade exige que admitamos nossas limitações e reconheçamos nossa total dependência de Deus. Isso pode ser difícil, pois estamos acostumados a confiar em nossas próprias forças.*

Embora a humildade de coração muitas vezes não seja reconhecida pelo mundo, Jesus promete que aqueles que se humilham serão exaltados por Deus. Em Mateus 23:12, Ele diz:

"Quem se exaltar será humilhado, e quem se humilhar será exaltado."

Deus vê o coração humilde e promete recompensá-lo, não com status ou reconhecimento humano, mas com Sua presença e bênçãos. A humildade nos aproxima de Deus e nos permite experimentar a plenitude da Sua graça.

Conclusão

A humildade de coração é, sem dúvida, um dos pilares da verdadeira religião. Ela envolve a disposição de viver para Deus e para os outros com simplicidade, serviço e dependência, em vez de buscar autossuficiência ou status. Jesus, como modelo perfeito de humildade, nos chama a seguir Seu exemplo, colocando os outros acima de nós mesmos e servindo com coração puro. Embora desafiadora, a humildade é a chave para a verdadeira grandeza no Reino de Deus, e a recompensa para aqueles que a praticam é a presença de Deus, que exalta os humildes.

Capítulo 5

A Oração e a Espiritualidade Pessoal

A **oração** e a **espiritualidade** são aspectos fundamentais da verdadeira religião, especialmente no cristianismo, onde são vistas como formas de relacionamento profundo e pessoal com Deus. A oração, enquanto expressão de fé, é o meio pelo qual o cristão se comunica com Deus, busca Sua orientação e se coloca à disposição para viver conforme Sua vontade. A espiritualidade, por sua vez, engloba a vida interior e a busca pela santidade, movendo-se além das práticas externas e buscando uma transformação profunda do coração.

A **oração** é, antes de tudo, um espaço de intimidade com Deus. Jesus ensinou que a verdadeira oração não é aquela feita para ser *vista pelos outros, mas aquela que nasce do coração e busca a presença de Deus, independentemente da visibilidade pública. Em Mateus 6:5-6, Ele diz:*

"E, quando orares, não sejas como os hipócritas, que gostam de orar em pé nas sinagogas e à vista das ruas, para serem vistos pelos homens. Em verdade vos digo que eles já receberam a recompensa. Mas, quando orares, entra no teu quarto, e, fechada a porta, orarás a teu Pai, que está em secreto; e teu Pai, que vê em secreto, te recompensará."

Este ensino de Jesus nos lembra que a oração não é um meio de obter aprovação ou reconhecimento dos outros, mas de nos conectar com Deus. A verdadeira oração é aquela que é feita em segredo, com sinceridade e sem ostentação. Ela é uma expressão de um coração que deseja estar em comunhão com Deus e buscar Sua vontade.

A oração também é o meio pelo qual o cristão se coloca em sintonia com a vontade de Deus, buscando Sua orientação, força e sabedoria. No **Pai Nosso**, que Jesus ensinou aos discípulos (Mateus 6:9-13), vemos que a oração começa com a adoração a Deus, mas logo passa a pedir pela realização da vontade de Deus na Terra: "Seja feita a Tua vontade, assim na terra como no céu."

Isso revela que a oração não é apenas uma lista de pedidos pessoais, mas também um momento de rendição à vontade de Deus. Em outras palavras, a verdadeira oração envolve uma atitude de confiança e entrega, reconhecendo que os planos de Deus são mais elevados do que os nossos e que, por mais difíceis que sejam as circunstâncias, a Sua vontade é sempre o melhor para nossas vidas.

*Além disso, a oração nos ajuda a discernir a vontade de Deus para nossa vida. Jesus mesmo, no momento mais difícil de Sua vida, no **Getsemani**, orou pedindo a Deus que, se possível, afastasse d'Ele o cálice do sofrimento, mas, ao final, se entregou à vontade divina: "Não seja como eu quero, mas como Tu queres" (Mateus 26:39).*

*A **espiritualidade** cristã não se limita a práticas externas, como rituais e cerimônias, mas refere-se à vida interior do cristão, à busca contínua de santidade e à transformação do coração. A verdadeira espiritualidade envolve um processo de santificação, no qual o cristão se torna mais parecido com Cristo em suas atitudes, pensamentos e ações.*

Em 1 Tessalonicenses 4:3-4, Paulo escreve: "A vontade de Deus é a vossa santificação..." A espiritualidade verdadeira busca viver de acordo com a vontade de Deus, não apenas em palavras, mas também em atitudes que reflitam o caráter de Cristo. A espiritualidade, portanto, não se trata apenas de viver de maneira moral ou religiosa, mas de uma busca constante de proximidade com Deus e de transformação interior, alimentada pela oração, pela Palavra de Deus e pela prática do amor.

Para Jesus, a oração não deveria ser algo esporádico ou apenas em momentos de necessidade. Ela deve ser uma prática constante e diária, pois é através da oração que o cristão mantém seu relacionamento com Deus vivo e ativo. Em Lucas 18:1, Jesus conta uma parábola sobre a importância de orar sempre e não desanimar, dizendo: "Devemos orar sempre e nunca desistir."

A oração constante é uma maneira de fortalecer a fé, aumentar a confiança em Deus e trazer paz ao coração. A vida de oração é também um reflexo da humildade, pois ao orar, reconhecemos nossa dependência de Deus e nossa incapacidade de viver de maneira plena sem Sua ajuda.

*Uma das características fundamentais da verdadeira espiritualidade cristã é que ela se expressa no **amor ao próximo**. Em 1 João 4:20, é dito: "Se alguém diz: 'Eu amo a Deus', e odeia seu irmão, é mentiroso; pois quem não ama a seu irmão, a quem vê, como pode amar a Deus, a quem não vê?" A espiritualidade genuína, portanto, leva à ação. Não basta apenas orar ou ter uma experiência emocional com Deus; ela deve resultar em amor prático e em ações de cuidado, compaixão e justiça para com os outros.*

A oração também nos ensina a amar mais plenamente. Ao orarmos por nossos inimigos ou por aqueles que nos perseguem, como Jesus nos ensinou em Mateus 5:44, desenvolvemos um coração mais compassivo, que reflete o amor incondicional de Deus. A oração nos molda para que possamos viver esse amor de maneira prática em nosso cotidiano.

Viver a oração e a espiritualidade de maneira verdadeira e autêntica enfrenta vários desafios, tanto internos quanto externos:

A distração e a superficialidade: Em um mundo cheio de distrações e pressões externas, muitas vezes é difícil manter uma vida de oração consistente e profunda. A superficialidade nas práticas religiosas pode *facilmente substituir uma busca genuína por Deus.*

__A falta de disciplina espiritual__: A oração e a espiritualidade exigem disciplina. Muitas vezes, é mais fácil cair na rotina ou no ativismo religioso do que se engajar em uma oração profunda e numa vida de meditação constante na Palavra de Deus.

__A tentação do orgulho__: A espiritualidade genuína, que leva à humildade e ao serviço, pode ser facilmente corrompida pelo orgulho espiritual. Isso acontece quando começamos a olhar para os outros de maneira condescendente, pensando que somos mais espirituais ou melhores que eles. Jesus criticou os fariseus precisamente por sua espiritualidade de fachada, que não vinha de um coração humilde.

Embora a oração e a espiritualidade verdadeira possam ser invisíveis aos olhos humanos, elas têm recompensas eternas. Em Mateus 6:6, Jesus promete: "Quando orares, entra no teu quarto e, fechada a porta, ora a teu Pai, que está em secreto; e teu Pai, que vê em secreto, te recompensará." A recompensa, embora não seja necessariamente material ou visível, é uma maior proximidade com Deus, um coração transformado e uma paz que excede todo entendimento.

Além disso, a oração e a espiritualidade verdadeira nos preparam para a vida eterna, pois nos ajudam a viver mais alinhados com o propósito de Deus e a construir um caráter que reflita o amor e a santidade de Cristo.

Conclusão

A **oração** e a **espiritualidade** como verdadeira religião são práticas profundamente interligadas e essenciais para a vida cristã autêntica. Elas não se limitam a rituais externos, mas envolvem uma relação íntima e contínua com Deus, transformando o coração e a vida do cristão. A verdadeira oração busca a vontade de Deus, e a verdadeira espiritualidade resulta em uma vida de amor e serviço ao próximo. Embora a oração e a espiritualidade possam ser desafiadoras, elas são os meios pelos quais o cristão se aproxima de Deus, sendo moldado à Sua imagem e refletindo Seu amor no mundo.

Capítulo 6

A Inclusão e o Respeito às Diferenças

A **inclusão** e o **respeito às diferenças** são fundamentais para a verdadeira religião, especialmente à luz dos ensinamentos de Jesus. A verdadeira religião, segundo o cristianismo, não é apenas uma prática religiosa formal ou um conjunto de regras externas, mas envolve viver de maneira que reflita o amor de Deus por todas as pessoas, independentemente de sua origem, status social, etnia, crenças ou condição. Jesus desafiou seus seguidores a amarem a todos sem exceção, promovendo um relacionamento baseado na aceitação, compaixão e respeito mútuo.

Jesus é o exemplo supremo de inclusão. Ele rompeu barreiras sociais, culturais e religiosas ao se associar com pessoas marginalizadas, como os publicanos (cobradores de impostos), os pecadores, as mulheres e os samaritanos, todos considerados impuros ou indignos na sociedade de Sua época.

Mulheres: Jesus tratou as mulheres com dignidade, contrariando as normas sociais que as marginalizavam. Ele se relacionou com elas como discípulas e as envolveu em Seu ministério. O exemplo de Jesus com a mulher samaritana (João 4) é um exemplo claro de inclusão. Ele falou com ela, embora ela fosse uma mulher e samaritana, dois motivos pelos quais um judeu normalmente não interagia.

Samaritanos: Em Lucas 10:25-37, Jesus conta a parábola do bom samaritano, desafiando preconceitos de sua época. Os samaritanos eram desprezados pelos judeus, mas Jesus usa o exemplo de um samaritano que ajuda um judeu ferido para mostrar que o amor ao próximo transcende fronteiras étnicas, religiosas e sociais.

Leprosos e marginalizados: Jesus curou leprosos e os tocou, algo impensável na época, pois os leprosos eram considerados impuros e excluídos da vida social. Ele não apenas curou fisicamente, mas também restaurou a dignidade dessas pessoas.

A atitude de Jesus demonstra que a verdadeira religião é inclusiva. Ele ensinou que o amor de Deus é para todos, sem distinção, e que devemos tratar as pessoas com compaixão e respeito, independentemente de suas diferenças.

O amor ao próximo é a base da verdadeira religião, conforme Jesus ensinou. Em Mateus 22:37-40, quando perguntado sobre o maior mandamento, Ele respondeu:

"Amarás o Senhor, teu Deus, de todo o teu coração, de toda a tua alma e de todo o teu entendimento. Este é o grande e primeiro mandamento. E o segundo, semelhante a este, é: Amarás o teu próximo como a ti mesmo. Destes dois mandamentos dependem toda a Lei e os Profetas." (Mateus 22:37-40)

Amar o próximo implica reconhecer a dignidade de cada pessoa, independentemente das suas diferenças, e tratá-la com respeito, compaixão e generosidade. Isso significa estender o amor não apenas àqueles que são semelhantes a nós ou com os quais temos afinidade, mas também àqueles que são diferentes em termos de cultura, etnia, classe social, crenças ou comportamentos.

Em João 13:34-35, Jesus disse aos Seus discípulos:

"Um novo mandamento vos dou: que vos ameis uns aos outros; assim como eu vos amei, que também vós uns aos outros vos ameis. Nisto todos conhecerão que sois meus discípulos, se vos amardes uns aos outros."

A verdadeira religião é reconhecida pelo amor que demonstra a capacidade de abraçar a diversidade e promover a inclusão.

A inclusão na verdadeira religião também envolve desafiar e desconstruir preconceitos sociais, raciais, de gênero, econômicos e religiosos. O apóstolo Paulo, em Gálatas 3:28, ensina que, em Cristo, não há lugar para divisões baseadas em status ou identidade:

"Não há judeu nem grego, não há escravo nem livre, não há homem nem mulher; porque todos vós sois um em Cristo Jesus."

Este versículo deixa claro que, no Reino de Deus, as distinções que os seres humanos fazem para dividir e marginalizar não têm lugar. A verdadeira religião, conforme o ensinamento cristão, é aquela que promove a unidade, a igualdade e o respeito entre todas as pessoas.

Em Tiago 2:1-9, o apóstolo adverte contra o favoritismo e a discriminação, especialmente no contexto da classe social, dizendo:

"Meus irmãos, não tenhais a fé de nosso Senhor Jesus Cristo, Senhor da glória, em acepção de pessoas. Porque, se na vossa reunião entrar algum homem com anel de ouro e roupa fine, e entrar também algum pobre com veste sórdida, e atentardes para o que leva a veste fine, e lhe disserdes: 'Senta-te

tu aqui, num lugar de honra', e disserdes ao pobre: 'Senta-te tu ali, em pé, ou: 'Senta-te aqui, abaixo do meu estrado', não fizestes em vós mesmos distinções, e não vos fizestes juízes de pensamentos maus?" (Tiago 2:1-4)

A verdadeira religião, portanto, rejeita todas as formas de discriminação e exalta o valor e a dignidade de cada pessoa, como sendo criada à imagem de Deus.

*A verdadeira religião deve refletir a realidade do **Reino de Deus**, que é um reino de **justiça, paz e harmonia**. Em Apocalipse 7:9, vemos a visão do apóstolo João sobre a grande multidão no céu, composta de pessoas de todas as nações, tribos, povos e línguas:*

"Depois destas coisas, olhei, e eis grande multidão, que ninguém podia contar, de todas as nações, tribos, povos e línguas, em pé diante do trono e diante do Cordeiro, vestidos

de vestes brancas, com palmas nas mãos."
(Apocalipse 7:9)

Isso revela a inclusividade do Reino de Deus: ele é para todos, independentemente de sua origem, cor ou cultura. A verdadeira religião é um reflexo desse Reino, que celebra a diversidade e acolhe todos sem exceção.

Viver de maneira inclusiva e respeitosa enfrenta diversos desafios, especialmente em um mundo marcado por divisões, preconceitos e exclusões. Algumas barreiras incluem:

Preconceitos culturais e sociais: Muitas vezes, nossas crenças e tradições culturais alimentam divisões e preconceitos, tornando difícil aceitar e respeitar as diferenças. A verdadeira religião nos chama a ir além dessas barreiras culturais e a viver com um coração aberto e acolhedor.

O desafio do evangelho inclusivo: A mensagem do evangelho é radicalmente inclusiva, o que pode ser difícil de aceitar para aqueles que estão acostumados a pensar em termos de superioridade ou exclusão. Jesus, ao incluir os marginalizados, desafiou as normas sociais da época, e os cristãos são chamados a seguir Seu exemplo.

A prática da empatia e da escuta ativa: Para respeitar verdadeiramente as diferenças, é necessário cultivar a empatia, ouvindo o outro, compreendendo suas experiências e buscando maneiras de servir com humildade. Isso exige um esforço ativo para superar o egoísmo e o isolamento.

A verdadeira religião, marcada pela inclusão e pelo respeito às diferenças, traz uma série de *recompensas tanto para o indivíduo quanto para a comunidade. A principal recompensa é uma maior semelhança com o caráter de Cristo. Ao praticarmos o amor inclusivo, refletimos mais plenamente o coração de Deus.*

*Além disso, uma vida inclusiva promove **paz** e **harmonia** nas relações interpessoais e na sociedade, criando uma comunidade onde todos são valorizados e respeitados. No final, a verdadeira religião é aquela que transforma corações e vidas, unindo as pessoas em Cristo e refletindo o Seu amor ao mundo.*

Conclusão

A **inclusão** e o **respeito às diferenças** são aspectos essenciais da verdadeira religião, conforme os ensinamentos de Jesus. Eles nos desafiam a amar a todos, sem exceção, e a tratar cada pessoa com dignidade e compaixão, independentemente de suas diferenças. A verdadeira religião não faz distinções entre as pessoas, mas celebra a diversidade, reconhecendo que todos são criados à imagem de Deus. Ao viver dessa maneira, somos testemunhas do amor de Cristo no mundo e cumprimos o propósito de Deus de construir uma comunidade inclusiva, justa e pacífica.

Capítulo 7

A Esperança e a Redenção

A **esperança** e a **redenção** são aspectos centrais da verdadeira religião, especialmente no cristianismo. Elas estão intrinsecamente ligadas à promessa de um futuro restaurado e à transformação que Deus oferece ao ser humano por meio de Jesus Cristo. A esperança bíblica não é um simples desejo ou expectativa vaga, mas uma certeza firme nas promessas de Deus. A redenção, por sua vez, é o processo de libertação do pecado, da morte e da separação de Deus, realizado por meio da morte e ressurreição de Jesus. Juntas, essas duas realidades são fundamentais para uma vida cristã autêntica, pois fundamentam a fé no futuro glorioso e no poder de Deus para transformar e restaurar.

A esperança cristã é o olhar para o futuro, aguardando com confiança a **restauração** e **renovação** de todas as coisas por Deus. Não é uma esperança passageira ou superficial, mas uma **certeza** que nasce da fé na promessa divina. Em Romanos 8:18-25, Paulo fala sobre a criação que geme aguardando a revelação dos filhos de Deus, esperando a redenção final:

"Porque sabemos que toda a criação geme e está juntamente em dores de parto até agora. E não somente ela, mas nós também, que temos as primícias do Espírito, igualmente gememos em nós mesmos, esperando a adoção, a redenção do nosso corpo." (Romanos 8:22-23)

A esperança cristã está voltada para a vinda do Reino de Deus em plenitude, quando não haverá mais dor, sofrimento, morte ou separação. Ela é alimentada pela fé em que **Cristo voltará** para julgar o mundo e estabelecer um novo céu e uma nova terra, onde a justiça e a paz reinarão (Apocalipse 21:1-4). Essa esperança não é apenas sobre a vida após a morte, mas também sobre a transformação que Deus deseja realizar em nossas vidas, aqui e agora, restaurando-nos à Sua imagem e nos capacitando a viver segundo Sua vontade.

A **redenção** é o coração do evangelho, que declara que Deus enviou Seu Filho, Jesus Cristo, para resgatar a humanidade do pecado, da morte e da separação de Deus. A redenção não é apenas um ato de perdão, mas também de transformação, em que o ser humano é restaurado à sua plena dignidade e chamado para viver em comunhão com Deus.

Em Efésios 1:7, Paulo escreve:

"Nele temos a redenção pelo seu sangue, a remissão das ofensas, segundo a riqueza da sua graça."

A morte de Jesus na cruz, onde Ele tomou sobre Si o pecado e a condenação que merecíamos, e Sua ressurreição, que garantiu nossa vitória sobre a morte e o pecado, são os pilares da redenção. A redenção é a boa notícia de que, por meio de Cristo, somos libertados da escravidão do pecado e reconciliados com Deus.

Essa libertação não é apenas uma questão de perdão dos pecados, mas também de transformação de vida. Jesus veio para nos dar uma nova vida, como Ele disse em João 10:10: "Eu vim para que tenham vida e a tenham em abundância". A verdadeira religião, portanto, é marcada pela experiência da redenção, que começa com o perdão e culmina na restauração do ser humano para viver conforme o propósito de Deus.

A verdadeira religião, baseada na esperança e na redenção, reconhece a realidade do sofrimento e da dor neste mundo, mas aponta para uma solução definitiva e para a restauração final que Deus promete. O cristão não é alienado da dor do mundo, mas, ao contrário, é chamado a levar esperança em meio ao sofrimento. Em 2 Coríntios 4:16-18, Paulo escreve:

"Por isso, não desanimamos. Embora exteriormente estejamos a desgastar-nos, interiormente estamos sendo renovados dia após dia. Pois os nossos sofrimentos leves e momentâneos estão produzindo para nós uma glória eterna que pesa mais do que todos eles." (2 Coríntios 4:16-17)

A verdadeira religião não nega o sofrimento, mas oferece uma perspectiva redentora, que vê no sofrimento uma oportunidade para confiar mais plenamente em Deus e para ser moldado à imagem de Cristo. A esperança cristã, portanto, não é uma fuga da realidade, mas um **encorajamento** para perseverar, sabendo que a redenção de Deus está em andamento e se manifestará plenamente no futuro.

A verdadeira religião, fundamentada na esperança e redenção, leva a uma vida transformada. O cristão não vive de maneira passiva, esperando que Deus resolva tudo no futuro, mas, ao contrário, vive de acordo com a **realidade** de que a redenção já começou em Cristo e que ele é chamado a ser um **agente de mudança** no mundo. A esperança e a redenção não apenas garantem um futuro eterno, mas também influenciam a maneira como vivemos hoje, moldando nossas ações, pensamentos e relacionamentos.

Em Tito 2:11-14, Paulo descreve a graça de Deus que, ao nos salvar, também nos ensina a viver de maneira justa e piedosa:

"Porque a graça de Deus se manifestou, trazendo salvação a todos os homens, ensinando-nos, para que, renegando a impiedade e as concupiscências mundanas, vivamos no presente século, de forma sóbria, justa e piedosa, aguardando a bendita esperança e a manifestação da glória do grande Deus e nosso Salvador, Cristo Jesus."

A verdadeira religião, portanto, não é uma crença isolada em conceitos abstratos sobre o futuro, mas uma força transformadora que molda nossa vida diária. A esperança nos capacita a viver com propósito e fé, e a redenção nos chama a viver de acordo com a nova identidade que recebemos em Cristo.

A verdadeira religião, marcada pela esperança e redenção, também tem um componente missionário. O cristão é chamado a ser **testemunha** dessa esperança e redenção para o mundo, compartilhando o evangelho com aqueles que ainda estão longe de Deus e vivendo de maneira que reflita o amor redentor de Cristo.

Em 1 Pedro 3:15, somos exortados a estar prontos para compartilhar a esperança que temos:

"Mas santificai a Cristo, como Senhor, no vosso coração, estando sempre preparados para responder a todo aquele que vos pedir a razão da esperança que há em vós."

A **esperança** cristã não é apenas algo pessoal, mas algo que deve ser vivido de forma tão visível que leve outros a buscar essa mesma esperança e redenção. A verdadeira religião envolve **compaixão**, **serviço** e o desejo de ver o mundo reconciliado com Deus.

Viver de acordo com a esperança e redenção cristãs é desafiador, especialmente em um mundo cheio de dificuldades, injustiças e sofrimento. A tentação de perder a esperança diante das adversidades é grande, e muitas vezes é mais fácil se entregar ao desespero, ao ceticismo ou ao conformismo.

A luta contra o desânimo: Diante da dor, da injustiça e da violência, o cristão pode ser tentado a perder a esperança. No entanto, a verdadeira religião nos ensina que **a esperança** não é baseada nas circunstâncias, mas na fidelidade de Deus e nas Suas promessas. Em Romanos 15:13, Paulo ora para que Deus nos encha de esperança pelo poder do Espírito Santo.

A tentação de viver no "já" sem esperar o "ainda": Embora a redenção já tenha começado com a vinda de Cristo, ela ainda não foi consumada. O cristão é chamado a viver no presente, com os pés no chão, mas também com o coração fixo no futuro glorioso que Deus promete. A verdadeira religião evita o erro de se concentrar apenas no aqui e agora, sem olhar para o Reino vindouro.

Conclusão

A recompensa de viver segundo a esperança e a redenção é uma vida marcada por **paz**, **alegria** e **propósito**. Mesmo em meio ao sofrimento, aqueles que têm a esperança em Cristo sabem que a glória futura supera qualquer dificuldade presente. Em 1 Pedro 1:3-5, Pedro fala sobre a esperança viva que temos em Cristo:

"Bendito seja o Deus e Pai de nosso Senhor Jesus Cristo, que, segundo a Sua grande misericórdia, nos regenerou para uma viva esperança, pela ressurreição de Jesus Cristo dentre os mortos, para uma herança incorruptível, sem mácula, que não se pode murchar, reservada nos céus para vós outros."

A verdadeira religião traz uma paz que transcende a compreensão humana, pois ela é *fundamentada na certeza de que Deus está no controle e que, no final, Ele restaurará todas as coisas. A redenção, já iniciada em Cristo, culminará em um mundo restaurado e em comunhão perfeita com Deus, o que é a grande esperança da fé*

Considerações finais

A conclusão do livro A Verdadeira Religião Segundo os Ensinamentos de Jesus pode ser formulada como uma reflexão sobre a profundidade e a radicalidade dos ensinamentos de Jesus, que desafiam as concepções tradicionais de religião e mostram um caminho mais autêntico e transformador para a humanidade. Ao longo da obra, fica claro que a verdadeira religião, conforme exemplificada por Jesus, não se limita a rituais, práticas externas ou ao cumprimento de leis religiosas. Em vez disso, ela se baseia em uma relação genuína com Deus, centrada no amor, na compaixão, na humildade e no perdão.

A verdadeira religião, segundo Jesus, não é sobre aparências ou conformidade a um conjunto de regras externas, mas sobre a transformação interior do coração. Jesus ensina que o Reino de Deus está dentro de cada pessoa e que, para viver de acordo com os princípios divinos, é necessário cultivar uma fé profunda que se expressa em ações de bondade, justiça, misericórdia e amor ao próximo. A verdadeira adoração a Deus, portanto, não é medida pelo número de rituais cumpridos, mas pela sinceridade do coração e pela disposição de seguir o exemplo de Jesus em servir aos outros.

Além disso, a inclusão das pessoas marginalizadas e a rejeição de atitudes de julgamento, hipocrisia e exclusão são marcos fundamentais da verdadeira religião de Jesus. Ele ensinou que todos são dignos de dignidade, respeito e amor, e que a salvação não é restrita a um grupo ou a uma religião específica, mas aberta a todos os que buscam a verdade e a reconciliação com Deus.

Em resumo, A Verdadeira Religião Segundo os Ensinamentos de Jesus nos convida a ir além das práticas religiosas externas e a abraçar um estilo de vida que reflete os valores do Reino de Deus: amor, perdão, compaixão, humildade e verdade. Jesus mostra que a verdadeira religião é, acima de tudo, uma vida de transformação pessoal e serviço ao próximo, em comunhão com Deus, e não uma mera observância de normas. A verdadeira fé é uma prática diária, que leva à renovação do espírito e à construção de um mundo mais justo, inclusivo e amoroso.

Referências

- A Bíblia Sagrada

- Obras de teologia contemporânea

- Escritos de líderes religiosos e pensadores sobre o ensino de Jesus

A motivação

por trás da criação do livro
"A Verdadeira Religião
Segundo os Ensinamentos de Jesus"
surge de um profundo desejo de
compartilhar
o que realmente acredito sobre a
espiritualidade e a fé.
Em um mundo repleto de informações e
interpretações diversas, sinto que é
essencial
oferecer uma perspectiva que reflita a
essência
dos ensinamentos de Jesus, que sempre
promoveu o amor, a compaixão e a
busca pela verdade.

Meu objetivo é ajudar as pessoas a se
encontrarem em sua jornada
espiritual, incentivando cada um a
explorar suas próprias crenças e
experiências.

Acredito que todos nós temos um caminho único a seguir e que, ao compartilhar insights e reflexões, podemos iluminar a trilha uns dos outros.

Reconheço, com humildade, que nada sei em sua totalidade e que a busca pelo conhecimento e pela compreensão é um processo contínuo. Este livro é uma extensão dessa busca, um convite para que outros se unam a mim nessa jornada de descoberta e crescimento espiritual. Espero que as palavras contidas nele inspirem e incentivem a reflexão, promovendo um diálogo aberto sobre a verdadeira essência da religião, conforme os ensinamentos de Jesus.

Meu nome é Darles Silva, tenho 42 anos e sou casada com Delvanir há 25 anos. Juntos, temos cinco filhos e uma neta, que são as minhas maiores alegrias e fontes de inspiração. Nascida em Vazante, Minas Gerais, minha vida foi marcada por muitas dificuldades e desafios que me moldaram e fortaleceram.

Em 2001, tomei uma decisão importante ao me mudar para a Bélgica, onde iniciei um novo capítulo da minha vida. Foi nesse novo lar que Cristo me encontrou, e desde então, tenho buscado intensamente a espiritualidade e a essência da verdadeira religião em Cristo. Essa jornada espiritual tem sido fundamental para meu crescimento pessoal e para a minha visão de mundo.

Esse despertar espiritual me motivou a me aprofundar em áreas de cura e bem-estar, tornando-me esteticista e me formando em terapia Radiestesica.

Com um coração voltado para ajudar os outros, continuo a trilhar meu caminho, sempre buscando conhecimento e evolução pessoal, valorizando e amando minha família e minhas raízes brasileiras.